21 Avril 1911

VENTE
Du Vendredi 21 Avril 1911
HOTEL DROUOT, SALLE Nº 11
A 2 HEURES

marqué P

AF370300

COLLECTION DE M. B***

ANCIENNES PORCELAINES

PATE TENDRE

DE CHANTILLY, MENNECY, SEVRES

ARGENTERIE ANCIENNE

EXEMPLAIRE DE H. STETTINER

COMMISSAIRE-PRISEUR
Mᵉ HENRI BAUDOIN
Successeur de M. Paul CHEVALLIER
EXPERT
M. ÉDOUARD PAPE

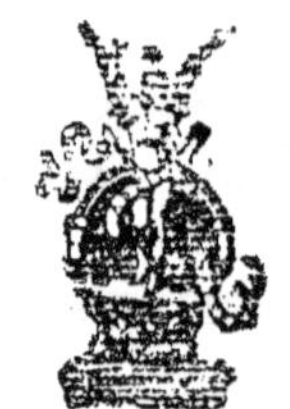

COLLECTION DE M. B***

CATALOGUE

DES

Anciennes Porcelaines

PATE TENDRE

De Chantilly, Mennecy, Sèvres

FAIENCES ANCIENNES

ARGENTERIE ANCIENNE

DONT LA VENTE AURA LIEU A PARIS

HOTEL DROUOT, Salle N° 11

LE VENDREDI 21 AVRIL 1911

à deux heures

<table>
<tr><td>COMMISSAIRE-PRISEUR</td><td>EXPERT</td></tr>
<tr><td>Mᵉ HENRI BAUDOIN</td><td>M· ÉDOUARD PAPE</td></tr>
<tr><td>*Successeur de M. PAUL CHEVALLIER*</td><td>174, rue du Faubourg-Saint-Honoré</td></tr>
<tr><td>10, rue Grange-Batelière</td><td>PARIS</td></tr>
</table>

EXPOSITION PUBLIQUE

Le Jeudi 20 Avril 1911, de 1 heure et demie à 5 heures et demie

CONDITIONS DE LA VENTE

Elle sera faite au comptant.

Les adjudicataires paieront *dix pour cent* en sus des enchères.

L'exposition mettant le public à même de se rendre compte de l'état et de la nature des objets, aucune réclamation ne sera admise une fois l'adjudication prononcée.

Paris. — Imp. de l'Art, Ch. BERGER, 41, rue de la Victoire

DÉSIGNATION

FAIENCES ANCIENNES

1 — **Delft**. Assiette, décorée dans le goût chinois en camaïeu bleu. Marque A. K.

2 — **Delft**. Petit traineau, décor camaïeu bleu. Paysages.

3 — **Delft**. Assiette, décor polychrome à rehauts d'or. Au fond, personnages chinois près d'une pagode.

4 — **Delft**. Assiette, décor bleu, rouge et or dans le goût des porcelaines du Japon. Marque d'Adrian Pynacker.

5 — **Moustiers**. Assiette, décor bleu ; sujet de chasse dans la manière de Tempesta.
(Vente du Baron Davillier.)

6 — **Moustiers**. Assiette, décor polychrome. Au centre, dans un médaillon, Cérès et un amour.
(Vente du Baron Davillier.)

7 — **Moustiers**. Plat oblong, décor de Bérain en camaïeu bleu.

8 — **Nevers**. Assiette, décor brun : Chinois et arbuste.

9 — **Rouen**. Assiette, décor bleu et manganèse. Au centre, vase fleuri, oiseau et brûle-parfums. Au marli, fleurs et rinceaux.

10 — **Rouen**. Assiette, décor polychrome. Au fond, corbeille en vannerie remplie de fleurs et feuillages. Le marli et la chute sont composés d'un lambrequin formé de quatre cartouches quadrillés, de guirlandes de fleurs et ornements divers.

(Vente Singher.)

11 — **Rouen**. Plat creux à huit pans, décor polychrome. Au fond, trois personnages chinois. La bordure est couverte d'une bande ornementale de rinceaux et réserves sur fond bleu.

12 — **Rouen**. Assiette, décor camaïeu bleu foncé. Au fond, cul-de-lampe formant corbeille de fleurs. Au marli, cartouches quadrillés et ornements divers.

13 — **Rouen**. Assiette, décor polychrome dit au Sainfoin.

(Vente Singher.)

14 — **Saint-Amand.** Petite assiette, décor à rehauts blancs formant réserves à moitié engagées sur le marli et décorées de bouquets de fleurs au naturel. Au centre, deux oiseaux. Monogramme de P. Fauquez.

15 — **Saint-Amand.** Grand plat de forme contournée, décor en bleu et blanc fixe sur fond bleu pâle.

16 — **Strasbourg.** Assiette, décor polychrome : fleurs, coquilles et rubans. Marque de Joseph Hanong.

17 — **Strasbourg.** Autre assiette analogue.

18 — **Strasbourg.** Assiette décorée en camaïeu rose, d'un large bouquet de fleurs.

19 — **Italie.** Grand vase de pharmacie, décor camaïeu bleu, de personnage et de rinceaux.

PORCELAINES

ANCIENNES

20 — **Arras**. Quatre pots à crème, décor bleu à l'épi.

21 — **Bourg-la-Reine**. Salière à trois compartiments, Bouquets de fleurs au naturel. Marque B. R.

22 — **Chantilly**. Assiette, décor bleu à l'épi.

23 — **Chantilly**. Compotier, à décor de branchages de fleurs en bleu.

24 — **Chantilly**. Couteau, décor chinois polychrome.

25 — **Chantilly**. Autre couteau analogue.

26 — **Chantilly**. Paire de vases brûle-parfums sur terrasse, décor polychrome, troncs d'arbres et branchages fleuris. Marque au cor de chasse en rouge.

27 — **Chantilly**. Drageoir avec son couvercle en forme de feuille. Décor en relief, vert et rouge, de branchages, fleurs et feuillages.

(Vente Fitz-Henry.)

28 — **Chantilly**. Tasse, forme feuille, décor polychrome de feuillages en relief et de bouquets de fleurs. Marque au cor de chasse en rouge.

29 — **Chantilly**. Bonbonnière de forme ronde, décor polychrome composé au pourtour de cartouches quadrillés. Sur le couvercle, au revers et à l'intérieur, médaillons également quadrillés. Monture argent.

(Vente Fitz-Henry.)

30 — **Chantilly**. Vase rond, formé d'ornements en relief blancs. Le pied est composé de sept feuilles découpées et de petites fleurs de volubilis. Sur le pourtour, trois branchages de fleurs en relief, décor polychrome. Marque au cor de chasse en rouge.

(Vente Fitz-Henry.)

31 — **Chantilly**. Sucrier rond sans couvercle, fleurs au naturel.

32 — **Mennecy**. Pot à pommade couvert, décor polychrome de bouquets de fleurs.

33 — **Mennecy**. Pot à pommade plus petit, décor analogue.

34 — **Mennecy**. Couteau, porcelaine blanche.

35 — **Mennecy**. Fourchette, décor en relief de fleurs d'aubépine en couleur.

36 — **Mennecy**. Moutardier sans couvercle, porcelaine blanche : fleurs et feuillages en relief.

37 — **Mennecy**. Grand pot de toilette couvert, cerclé d'argent : lambrequins bleus.

38 — **Mennecy.** Figurine de jeune Turc jouant de la
flûte. Porcelaine blanche.

39 — **Mennecy.** Boîte, figurant une petite malle,
décor de bouquets de fleurs en couleur. Monture argent.

40 — **Mennecy.** Petit sucrier rond couvert, décor
polychrome dit à l'écureuil. Marque : *D V* en
bleu.

(*Vente du Comte d'Yanville.*)

41 — **Mennecy.** Boîte rectangulaire, décorée de bouquets de fleurs au naturel. Monture argent.

42 — **Mennecy.** Bonbonnière, formée d'un coquil-
lage, porcelaine blanche. Monture argent.

(*Vente Fitz-Henry.*)

43 — **Mennecy.** Béquille de canne : Tête d'homme ;
décor polychrome.

44 — **Mennecy.** Petite figurine représentant un personnage assis jouant de la flûte; décor polychrome.

(*Vente Fitz-Henry.*)

45 — **Mennecy.** Petite soucoupe, décorée en camaïeu
rose d'un paysage et d'oiseaux.

46 — **Saint-Cloud.** Pot à pommade et son couvercle.
Petit lambrequin bleu.

47 — **Saint-Cloud.** Pot et son couvercle, porcelaine
blanche à imbrication en relief. Marque S. C. T.
en creux.

48 — **Saint-Cloud.** Pot à pommade couvert décor bleu,
lambrequins, fleurons et ornements de ferron-
nerie dans le goût rouennais.

49 — **Saint-Cloud.** Pot à pommade couvert. Décor
polychrome de rocailles et branchages fleuris.

50 — **Saint-Cloud.** Pot à pommade couvert décor de
lambrequins en bleu. Marque S. C. T. en bleu.

51 — **Saint-Cloud.** Salière ronde, décor camaïeu bleu
à rosaces, quadrillés et fleurons. Marque au
Soleil.

52 — **Saint-Cloud.** Petite pomme de canne, décorée
sur fond blanc d'ornements en relief et dorure.
(Vente Chasles.)

53 — **Saint-Cloud.** Tasse et soucoupe. Lambrequins
bleus.

54 — **Saint-Cloud.** Tasse à anse et sa soucoupe. Porcelaine blanche, décor d'oiseaux et branchages
fleuris en relief. Marque S. C. T. en creux.

55 — **Saint-Cloud.** Deux brûle-parfums en forme de
paniers. Fleurs et fruits en relief. Porcelaine
blanche.

56 — **Saint-Cloud.** Moutardier à anse, forme tonnelet.
Petits lambrequins bleus. Monture argent.

5 20

57 — **Saint-Cloud.** Brûle-parfums ovoïde lobé, porcelaine blanche. Décor en haut-relief de bouquets
de fleurs et de feuillages. Marque S. C. T. en
creux.

20 2

58 — **Sèvres.** Assiette, décor polychrome de fleurs.
Rocaille en bleu au marli.

59 — **Sèvres.** Coquetier, fond rose; bande décorée
sur fond blanc d'un rinceau de feuillages.

60 — **Sèvres.** Petite cuiller ornée d'un filet or.

61 — **Sèvres.** Salière à bordure de dentelle dorée.

62 — **Vincennes.** Assiette, décor polychrome de bouquets de fleurs.

63 — **Tournai.** Compotier rond. Décor polychrome
de bouquets de fleurs.

100

64 — **Tournai.** Assiette, décor polychrome d'œillets
et de fleurettes. Marque aux épées en or.

100

65 — **Tournai.** Jeune bergère debout. Un mouton
est couché à ses pieds. Porcelaine blanche.

66 — **Tournai.** Assiette, décor polychrome. Bouquets
de fleurs.

67 — **Tournai.** Autre assiette analogue.

101

68 — **Tournai.** Assiette, décor camaïeu rose. Paysage.

69 — **Tournai**. Pot de toilette, couvert. Décor bleu de branchages et fleurs.

70 — **Tournai**. Cuiller à sucre en poudre. Filets et hachures en bleu.

71 — **Tournai**. Couteau, décor bleu. D'un côté un Chinois dansant, de l'autre, armoiries.

72 — **Tournai** (?). Statuette de petit personnage debout, tenant un coq dans ses bras.

73 — **Worcester**. Petite potiche, décor bleu.

74 — **Clignancourt**. Pot à lait sans couvercle. Double guirlande de fleurs et feuillages en dorure. Marque au Moulin à vent, en bleu.

75 — **Paris**. Tasse droite et sa soucoupe. Médaillon à paysage et ornements en dorure.

76 — **Saxe**. Bonbonnière de forme contournée, à décor polychrome de fleurs. Au revers du couvercle, scène galante. Monture cuivre doré.

77 — **Saxe**. Bougeoir à anse, formé d'un branchage feuillagé reposant sur une terrasse rocaille en bronze ciselé et doré. Il est orné de fleurettes et d'un chat en ancienne porcelaine de Saxe, décor au naturel. Époque Louis XV.

(*Vente de M*^{lle} *Leroy*.)

78 — **Compagnie des Indes**. Petite assiette, à décor d'amours en camaïeu bistre.

79 — **Compagnie des Indes**. Assiette, décor euro-
péen.

80 — **Compagnie des Indes**. Petite assiette à bords
ajourés, décor camaïeu bleu.

81 — **Chine**. Plat de forme octogonale, décor bleu.

82 — **Chine**. Paire de cornets, décor polychrome
et or.

83 — **Chine**. Deux petits cornets, décor d'attributs
et de fleurs. Époque Kien-lung.

84 — **Chine**. Petite potiche, décor analogue.

85 — **Chine**. Pitong de forme rectangulaire, à réserves de cavaliers et caractéres chinois. Époque
Kien-lung.

86 — **Chine**. Tasse et sa soucoupe fond bleu, à
réserves de fleurs. Époque Kien-lung.

87 — **Chine**. Deux petits cornets en forme de tronc
d'arbre, émaillés en vert sur biscuit.

88 — **Chine**. Petite tasse, fond or et réserves de
fleurs. Époque Kien-lung.

89 — **Chine**. Deux potiches, décor de branchages et
fleurettes. A l'épaulement, lambrequins fond
rose. Époque Kien-lung.

90 — **Chine**. Tasse et sa soucoupe, à décor polychrome de fleurs sur fond vermiculé. Époque
Kien-lung.

91 — **Chine**. Autre tasse analogue.

92 — **Chine**. Deux très petites bouteilles à double
renflement. Décor de fleurs de pêcher sur fond
bleu.

93 — **Chine**. Cafetière, décor polychrome de fleurs et
feuillages. Époque Kien-lung.

94 — **Chine**. Paire d'aspersoirs fond bleu. Réserves
à fleurettes d'or.

95 — **Chine**. Très petit vase à panse renflée, présentant dans les réserves des paysages et des fleurs
d'or. Époque Kien-lung.

96 — **Chine**. Deux très petits cornets, décor polychrome de fleurs et feuillages. Époque Kien-
lung.

97 — **Chine**. Tasse à fond doré à réserves de fleurs
polychromes. Époque Kien-lung.

98 — **Chine**. Petit pot à sorbet, fond bleu fouetté à
réserves de fleurettes. Époque Kang-hshi.

99 — **Chine**. Petit lion de Fô émaillé vert sur biscuit.

100 — **Chine.** Petit pot couvert à base ajourée. Sur un fond vermiculé, réserves de fleurs polychromes. Époque Kien-lung.

101 — **Chine.** Aiguière en forme de casque, décorée de fleurs et d'ornements verts. Époque Kang-hshi.

102 — **Chine.** Deux très petites potiches, décor au coq. Époque Kien-lung.

103 — **Chine.** Tasse polylobée, décor de fleurettes.

104 — **Chine.** Deux bouteilles blanc de Chine, décor en relief de fleurs de pêcher.

105 — **Chine.** Théière et son couvercle, à décor de fleurs sur fond noir. Deux réserves, à paysages. Époque Kien-lung.

106 — **Chine.** Pitong de forme hexagonale : Chinois dans les réserves. Époque Kien-lung.

107 — **Chine.** Petite théière fond bleu. Oiseaux dans les réserves. Époque Kang-hshi.

108 — **Chine.** Aspersoir, à décor polychrome de fleurs et branchages. Époque Kang-hshi.

109 — **Chine.** Théière, à décor de fleurs et feuillages en relief.

110 — **Chine.** Petit flacon plat. Époque Kien-lung.

111 — **Chine**. Assiette creuse, présentant de petites réserves et au fond un cartel, décoré de coqs sur fond rouge. Époque Kien-lung.

112 — **Chine**. Pot couvert côtelé et à base ajourée, décor polychrome de faisans et de fleurettes. Époque Kien-lung.

113 — **Chine**. Assiette, décor de fleurettes. Au fond, réserves à paysages. Époque Kien-lung.

114 — **Chine**. Autre assiette, décor analogue.

115 — **Chine**. Deux aspersoirs, décorés de trois fleurs bleues sur fond vert.

116 — **Chine**. Petite coupe céladon en forme de feuille.

117 — **Chine**. Assiette, décor de branchages fleuris et de fong-hoang. Époque Kang-hshi.

118 — **Chine**. Autre assiette analogue.

119 — **Japon**. Paire d'aspersoirs, décor polychrome et or.

120 — Petite vitrine murale, à marqueterie de fleurs.

121 — Dix plats argent Vieux Paris. Époque Louis XV. (Sera divisé.)

122 — Objets omis.